KODAK Gray Sca

MIRE ISO N° 1

NF Z 43-007

AFNOR

Cedex 7 - 92080 PARIS-LA-DÉFENSE

| 160 |
| 125 |
| 100 |
| 80 |
| 85/83 |
| 70 |
| 90 |
| 112 |
| 140 |

0   1   2

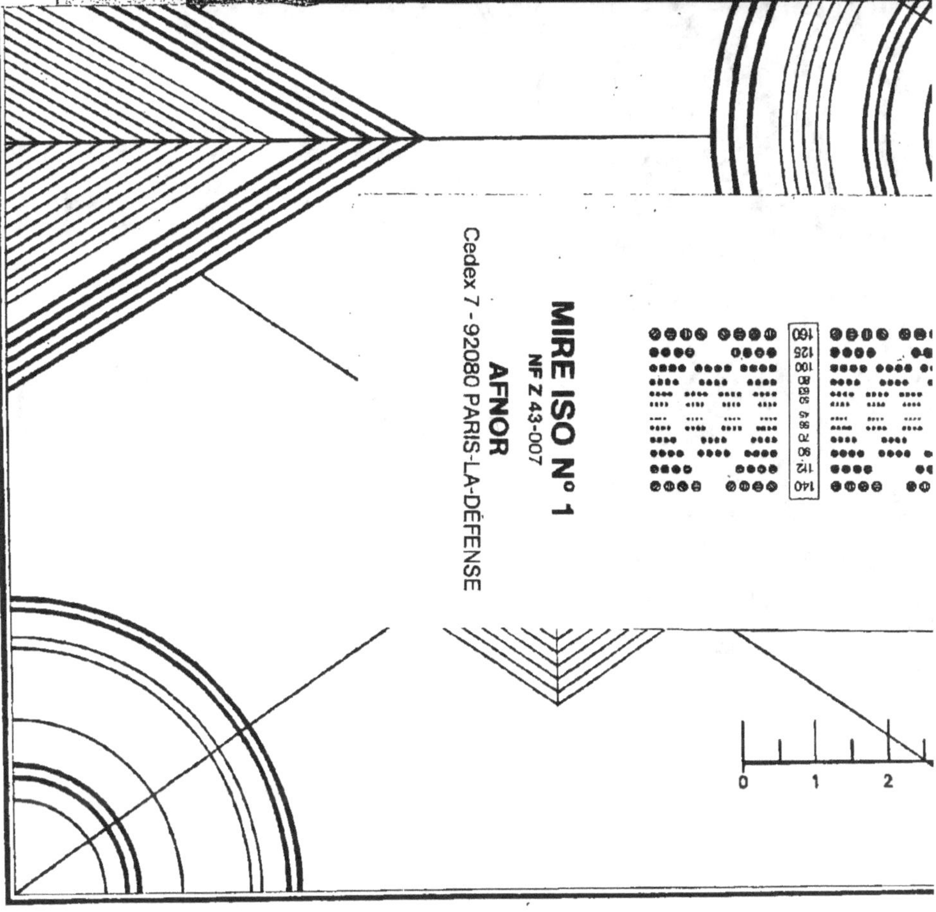

SEF

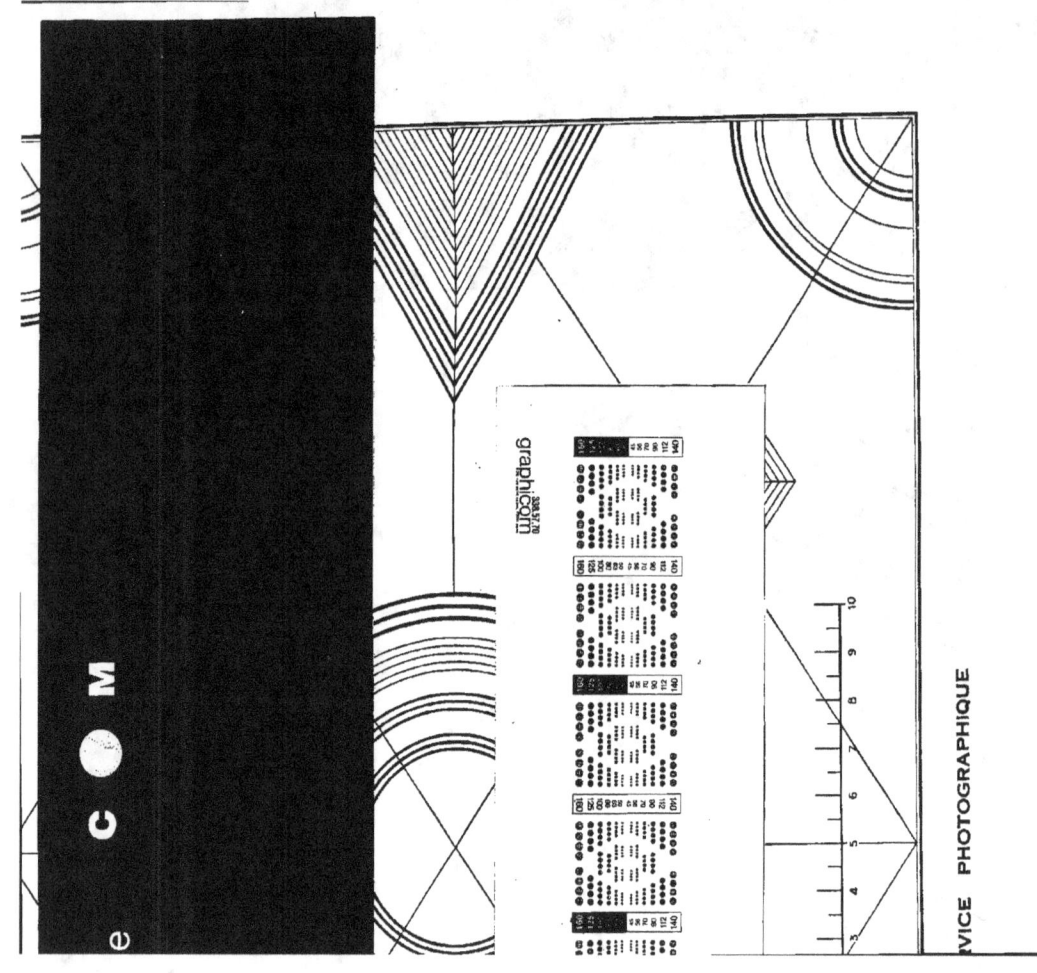

e C O M

graphicom
338.57.70

SERVICE PHOTOGRAPHIQUE

CE DOCUMENT A
TEL QU'IL

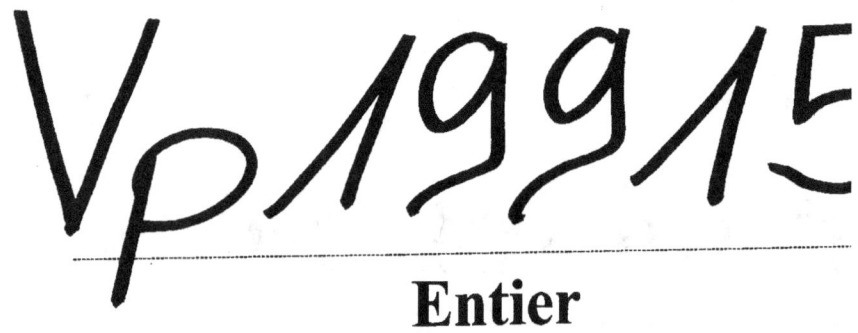

RECHERCHES

SUR

LE CUIR DORÉ,

ANCIENNEMENT APPELÉ OR BASANÉ,

ET

DESCRIPTION

DE PLUSIEURS PEINTURES

APPROPRIÉES A CE GENRE DE DÉCOR,

PAR

E. DE LA QUÉRIÈRE,

DE LA SOCIÉTÉ ROYALE DES ANTIQUAIRES DE FRANCE,
DE L'ACADÉMIE ROYALE ET DE LA SOCIÉTÉ LIBRE D'ÉMULATION DE ROUEN,
ET DE PLUSIEURS AUTRES SOCIÉTÉS SAVANTES.

AVEC UNE PLANCHE
Dessinée et gravée par E.-H. Langlois.

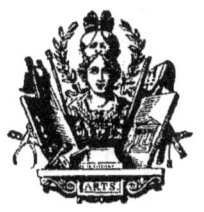

ROUEN,

F. BAUDRY, IMPRIMEUR DU ROI,
RUE DES CARMES, N°. 20.

—

1830.

RECHERCHES

SUR LE CUIR DORÉ,

ANCIENNEMENT APPELÉ OR BASANÉ,

ET

DESCRIPTION

DE PLUSIEURS PEINTURES

APPROPRIÉES A CE GENRE DE DÉCOR.

Il existait à Rouen, il y a moins de deux ans, dans une maison connue sous le nom de son propriétaire, et située entre les rues aux Ours et de la Grosse-Horloge, en face de la rue Thouret, un appartement qui paraissait dater des dernières années du règne de Henri IV, et que le luxe des arts s'était plu à embellir de toutes les magnificences de la dorure, de la peinture et de la sculpture.

Cet appartement, quoique démembré et morcelé par des refends, offrait encore un éclatant témoignage de la somptuosité que l'on apportait dans les

XVIᵉ. et XVIIᵉ. siècles à la décoration des intérieurs de maisons. Possédé par l'un des propriétaires les plus aisés de la ville, il y avait lieu de croire qu'il ne serait pas enlevé de long-temps à l'admiration des amis des antiquités nationales. Malheureusement, le goût de la nouveauté et le dédain pour les choses anciennes gagnent de proche en proche, avec l'espérance, quelquefois trompeuse, d'un produit financier plus avantageux dans de petites distributions : funeste résultat de l'esprit mercantile qui, s'emparant de toutes les classes, ne laisse après lui que destructions et ruines. C'est ce qui est arrivé au magnifique salon dont nous parlons, il a entièrement disparu : tout a été impitoyablement dévolu au marteau du démolisseur, au rabot du menuisier, ou livré aux flammes. Cette grande pièce, de 45 pieds de long, de 25 de large et de 14 ou 15 pieds de haut, jadis séjour de la grandeur et de l'opulence, n'offre plus que de misérables petits réduits abandonnés à une tabagie.

Le plafond surtout, formé de compartiments en bois de chêne, était précieux par la beauté de son ensemble, l'abondance, le luxe, le fini de ses détails, et par un grand nombre de tableaux peints sur bois, de formes variées, représentant, dans des proportions de petite nature, une partie de la fable de Psyché et d'autres sujets mythologiques. Un groupe représentant Mercure enlevant Psyché pouvait être considéré comme un chef-d'œuvre de raccourci.

Toutes les bordures de ces sujets, les sommiers
et les autres corps saillants du plafond, étaient dorés
ou chargés d'arabesques et de vases de fleurs d'une
grande fraîcheur, exécutés au pinceau.

Les vides existant entre les bordures échancrées
ou arrondies des tableaux, et les angles des cais-
sons, étaient alternativement occupés par quatre
satyres dorés fort variés d'attitudes, et par de jolies
figures d'enfants, également dorées ou peintes en
grisaille, supportant des rinceaux ou des guirlandes
de fruits et de fleurs.

Enfin, des principaux points de croisement des
membrures, descendaient avec grâce des culs-de-
lampe dorés, composés chacun de plusieurs syrènes
adossées, se réunissant à un noyau terminé par une
jolie rosace.

La tenture de ce bel appartement n'était pas moins
somptueuse. C'était une suite de figures de six à sept
pieds de hauteur, représentant les héros de l'ancienne Rome à pied ou à cheval : tels que Mutius
Scævola, Marcus Curtius, etc. Sur le dernier plan
du terrain qui servait de base à chaque personnage,
on voyait représentée, en camaïeu d'or et en petite
proportion, la principale action de sa vie. Au centre
de ces figures, Rome, sous les attributs de Pallas,
entourée de trophées militaires, ayant à ses pieds la
louve allaitant les divins jumeaux, présidait cette
illustre et silencieuse assemblée.

Ces tableaux, réduits au petit nombre de sept,

exposés à tous les genres de dégradation, avaient été rapportés dans des boiseries modernes d'une dimension plus étroite. Ils avaient beaucoup souffert de cette opération, et aussi d'une peinture à la chaux que l'ouvrier maladroit n'avait pas su restreindre au bois seul. Ils allaient subir le même sort que les autres décorations : plusieurs même, coupés ou arrachés en lambeaux de leurs panneaux, étaient au rebut, quand l'auteur de cette notice se présenta et en fit l'acquisition. Il a fait réparer ces curieux débris, qui offrent maintenant des objets d'art aussi rares que précieux.

Ces figures, qui dans l'origine étaient cousues les unes aux autres, comme on en peut juger par les points et les fils qui existent encore sur leurs bords, pour former tenture à la manière des tapisseries, sont d'un style tudesque et très-lourd ; mais, quoique offrant cette manière exagérée que les Allemands s'étaient faite au XVIe. siècle en croyant, dit Watelet, imiter Michel-Ange, elles sont loin de manquer d'expression, de fierté et de grandiose. Quant aux chevaux, ils seraient parfaitement semblables à ceux des peintres Antoine Tempeste et Jean Strada, s'ils n'étaient d'une boursouflure encore plus excessive.

On concevra plus facilement la richesse de cette tenture, en apprenant qu'elle était exécutée en *or basané*. Employant toute la magie des couleurs, le pinceau seul a fait les frais des carnations et des draperies ; mais ces dernières furent encore enrichies

de bordures et d'ornements dorés, qui, comme
la totalité du fond d'or de chaque figure, sont cou-
verts de *guillochures* délicates imprimées avec des
estampilles ou poinçons à chaud, tels à peu près
que sont ceux dont se servent les relieurs.

L'*or basané* ¹ était un cuir très-fin sur lequel on
imprimait en relief ou on peignait des personnages
et des ornements rehaussés d'or. Dans les derniers
temps de son emploi, on ne le couvrit plus guère
que de ramages ou grands fleurons dans le goût
des étoffes de Damas et des Indes, repoussés en
bosse et dorés sur un fond d'une couleur très-
légère, ou plus ordinairement blanc. Telle était encore la mode au temps de Louis XIV. Mais cette
décoration, non moins solide que brillante, avait
rempli le rôle le plus important dans l'ornement
intérieur des maisons, au XVIᵉ. siècle et au com-
mencement du XVIIᵉ., particulièrement en France
et en Brabant. A ces époques, des figures d'hom-
mes et d'animaux, des arabesques vivement colo-
riées, et le lustre qu'on avait l'art de leur donner
par des vernis fins et transparents, joint à l'éclat
des fonds d'or, donnaient à ce genre de travail la
ressemblance la plus frappante avec les grands et
magnifiques émaux qui composèrent long-temps la
plus précieuse partie des objets de luxe et d'agré-

---

1. *Basane dorée* serait mieux dit, sans doute, si la première expression n'eût prévalu.

ment des palais des grands et des maisons des riches particuliers.

Au reste, le procédé de peindre, de dorer et d'imprimer le cuir en creux et en relief, ne se bornait point alors à ce seul emploi. Parmi ceux auxquels il fut encore consacré, il faut compter celui dont parle de la Véga dans son *Histoire de la Conquête de la Floride*, où il rapporte que les soldats de cette expédition jouaient avec des cartes faites de cuir; or, ces cartes, par leurs figures et leurs couleurs diverses, se rattachaient au genre dont il est question, et que les armuriers s'étaient approprié en partie, en dorant et damasquinant certains cuirs dont ils fabriquaient des casques, des lambrequins, des cuirasses, des boucliers même, des chanfreins, des bardes de chevaux, etc., etc., aussi précieux par la solidité de leur éclat et la délicatesse de leurs ornements, que par leur impénétrabilité presque égale à celle du fer battu.

Enfin, pour revenir à l'*or basané* proprement dit, l'usage des tapisseries de soie ou de laine, quoique bien antérieur, se soutint concurremment et même le remplaça seul pendant quelques temps encore, jusqu'à l'époque où la monotone boiserie, tristement unie ou chargée de ridicules ornements, le fit disparaître à son tour.

Un couplet de ce noël autrefois si connu:

« Quoy! ma voisine, es-tu faschée? »

fait avec raison mention de l'*or basané* comme d'une marque d'opulence [1].

Les Jésuites de Bruxelles montraient, parmi les curiosités de leur bibliothèque, le fauteuil d'*or basané* dans lequel Charles V reposait ses membres goutteux pendant la cérémonie de son abdication [2].

On voit encore dans l'église du Grand-Andely un devant d'autel en *or basané*, exécuté sous Louis XV, et sur lequel est peint le sujet de Jésus et les disciples d'Emmaüs.

Le château de Chenonceaux, sur le Cher, bâti par Thomas Bohier, favori de François Ier., et appartenant aujourd'hui à M. le comte de Villeneuve, qui met tous ses soins à la conservation des anciens meubles et objets d'art, tels que tentures, tableaux, cris-

---

1. La bergère mondaine, pressée par la bergère humble d'aller saluer Jésus et sa mère, interroge ainsi sa compagne :

> « Au moins est-elle (la Vierge) bien coiffée
> » De fins raizeaux ?
> » Et sa couche est-elle estoffée
> » De beaux rideaux ?
> » Son ciel n'est-il pas de brodenre
> » Tout campané ?
> » N'a-il pas aussi pour bordeure
> » L'or bazané ? »

Le pieux auteur de ce noël se connaissait sans contredit en ameublement : il était tapissier de profession, bourgeois de Paris, et se nommait *Pierre Binard*. Il dédia la première partie de ses naïfs cantiques *à la vertueuse Royne Marguerite*, première femme de Henri IV.

2. Nous avons emprunté ces détails à l'excellente note que notre habile et savant ami M. E.-H. Langlois nous a fournie pour la *Description historique des maisons de Rouen*, pages 128 et suivantes de l'ouvrage.

taux , etc. , des temps de François Ier. , de Henri II , de Catherine de Médicis, Charles IX , Henri IV et autres princes qui l'ont successivement habité , renferme une très-grande quantité de paravents de cuir doré ou argenté.

Il existait des tentures d'*or basané* au château d'Ecouen, près Paris. Elles ont disparu depuis une trentaine d'années.

Il y a quarante ou cinquante ans , on en rencontrait encore assez souvent dans les vieilles maisons et chez les plus simples particuliers ; mais le capricieux pouvoir de la mode les a partout presqu'entièrement détruites , à quelqu'âge qu'elles appartinssent.

Les *Monuments français inédits* de M. Willemin (31e. livraison) reproduisent, au sentiment de cet artiste, le personnage de Ludovic de Gonzagues, duc de Nivernais, placé dans un appartement meublé de tentures d'*or basané*. Cette figure est tirée d'un ouvrage sur les arts libéraux , imprimé en 1587 [1].

Les villes de France où il se faisait le plus de tapisseries d'*or basané* ou *cuir doré*, ainsi qu'on

---

1. Le titre de cet ouvrage porte : « *Tableavx accomplis de tovs les arts liberavx*, contenans brievement et clerement par singuliere methode de doctrine, vne generale et sommaire partition desdicts arts, amassez et redvicts en ordre povr le sovlagement et profit de la ievnesse. Par *M. Christofle de Savigny, seigneur dudict lieu et de Priment en Rhetelois* », avec cette devise :

Tost ov tard , près ou loing ,
A le fort du foible besoing.

les a appelées dans les derniers temps, étaient Paris,
Lyon et Avignon. Henri IV en établit des manu-
factures dans les faubourgs Saint-Honoré et Saint-
Jacques [1]. Il en venait aussi beaucoup de Flandres
qui se fabriquaient à Lille, à Bruxelles, à Anvers et
à Malines; celles de cette dernière ville étaient les
plus estimées.

Les uns pensent que ce genre de décoration a pris
naissance à Venise, où il s'en fabriquait en grande
quantité; les autres prétendent que les premières
tentures de *cuir doré* qui ont paru en France
venaient d'Espagne, et que ce sont les Espagnols
qui en sont les inventeurs. Rien donc de certain à
cet égard.

On ne peut non plus fixer l'époque où l'*or basané*
proprement dit commença à paraître; ce que l'on
peut assurer, c'est qu'il remonte à un temps fort
reculé.

Lorsque, sous le règne de François Ier., on démolit
l'ancienne église de Saint-Merri, à Paris, construite
en 884, aux frais d'un nommé Eudes Fauconnier,
on découvrit le tombeau et le corps de ce fondateur
dont les jambes étaient revêtues de bottines de *cuir
doré* [2]. M. Dulaure [3] ajoute à ce fait : « Le *cuir doré*
» était en usage dans les vêtements des guerriers;

1. *Abrégé chronologique de l'Histoire de France*, par Mézerai, tome
6e., page 288, Amsterdam, 1682.

2. Le Beuf, *Histoire du diocèse de Paris*, tome 1, page 254.

3. *Histoire de Paris*, édition de Guillaume, tome 1, page 440.

» j'en ai vu un fragment trouvé dans des tombeaux
» de l'abbaye de Saint-Germain-des-Prés, lorsqu'on
» a bâti les maisons de la rue de l'Abbaye : l'or y
» était disposé en fleurons, etc. »

Théophile-le-Prêtre, auteur du xie. siècle, men-
tionnant différents procédés de peinture alors connus
et pratiqués, cite celui de la peinture sur cuir [1].

Le siècle dernier a vu s'éteindre entièrement la
fabrication des *cuirs dorés* dont les produits n'étaient
plus ce qu'on les avait vus autrefois ; les procédés
employés avaient aussi subi des changements.

En 1762, il n'existait plus à Paris que deux ou
trois maisons dans ce genre d'industrie, qui y avait
été apporté par des ouvriers flamands, environ deux
cents ans auparavant.

En ce moment, ce bel art paraîtrait vouloir sortir
de l'oubli dans lequel il est tombé, grâce aux efforts
de M. Hourdequin [2], qui, après l'avoir étudié dans
le mémoire de Fougeroux de Bondaroy, fabrique,
en employant des moyens plus expéditifs et plus
avantageux qu'autrefois, des ornements de fort bon
goût et très-solides. Il a exécuté de cette manière les
armoiries et autres décorations qui ont servi au
baptême du duc de Bordeaux, ainsi qu'au sacre du
roi régnant Charles X.

1. *Discours historique sur la Peinture moderne*, par M. Eméric David,
Paris, 1812, pages 191 et 192.

2. Faubourg Saint-Denis, passage de l'Industrie, no. 8 , à Paris.

Les tentures de *cuir doré* étaient autrefois très-recherchées : l'avantage de ne point être endomma-gées autant que celles d'étoffes par l'humidité et les insectes, de ne point prendre de poussière, de perdre très-peu de leur éclat avec le temps, leur donnait place dans les appartements des personnes riches.

Misson rapporte, dans son Voyage d'Italie en-trepris dans le XVIIe. siècle, sous Louis XIV, qu'il a vu à Venise toutes les maisons des nobles et des citoyens aisés, meublées de tapisseries de *cuir doré*; et M. Depping, dans son *Histoire du Commerce entre le Levant et l'Europe*, dit que « parmi les » autres branches d'industrie pratiquées avec succès » par les Vénitiens, il faut citer leurs *cuirs dorés* » portés à un haut degré deperfection. »

Nous dirons quelques mots sur les procédés usités dans les derniers temps pour la fabrication de cette sorte de tenture.

Les tentures de cuir étaient faites de plusieurs peaux de veau, de chèvre ou de mouton, qui semblaient dorées et qui n'étaient cependant qu'ar-gentées, relevées en bosse et cousues ensemble. Les meilleures peaux étaient celles de veau et de chèvre.

Une tenture de *cuir doré* ou *argenté* était com-posée de plusieurs morceaux de grandeur égale et de forme carrée, ou plutôt oblongue, collés ensemble. Chacun de ces carreaux était fait d'une peau large à peu près de vingt-trois pouces sur seize. Ces dimen-sions n'étaient cependant pas toujours les mêmes ;

les carreaux avaient quelquefois de vingt-huit à trente pouces sur vingt-quatre.

Soit qu'on destinât ces pièces à former des tentures de *cuir argenté* ou qu'on voulût en faire des tentures de *cuir doré*, il fallait toujours commencer par les argenter, en y appliquant des feuilles d'argent.

Quand on voulait des *cuirs dorés*, on mettait un vernis qui donnait à l'argent une couleur approchant de celle de l'or ; car l'emploi de feuilles d'or eût porté le travail à un prix très-élevé. D'ailleurs les tentures qui étaient faites avec des feuilles d'argent colorées ressemblaient si parfaitement à l'or, qu'il fallait une attention particulière pour reconnaître qu'elles n'en avaient que la couleur.

On posait les carreaux sur une planche de bois gravée en creux et en relief ; et, en faisant passer le tout sous une presse semblable à la presse des imprimeurs en taille-douce, on communiquait au cuir le dessin exécuté sur cette planche.

Les tapisseries de *cuir argenté* étaient moins en usage que celles de *cuir doré*. On donnait la préférence aux tapisseries de *cuir doré*, parce que celles-ci avaient plus de durée.

Il y avait des tapisseries que l'on n'imprimait pas au moyen de la planche de bois, principalement les bordures auxquelles on donnait des ornements en relief en les *ciselant* ; le travail était beaucoup plus long et plus coûteux. Des ouvriers se servaient pour cela de divers poinçons ou ciselets qu'ils appe-

laient *fers*. Sur une de leurs extrémités, étaient
gravées diverses figures, des fleurs, des rosettes ou
autres ornements. On ne *ciselait* guère que certaines
tentures qui devaient rester en argent.

Après cette manutention, on peignait les figures,
les fleurs et les autres ornements, puis on cousait
ensemble les carreaux.

C'est ainsi que se fabriquaient encore les *cuirs
dorés* sous Louis XV [1].

Quelque puissante que soit l'autorité d'un nom
justement recommandable, nous ne pouvons nous
empêcher d'avouer que l'article de M. Debret sur les
cuirs dorés, inséré dans l'*Encyclopédie moderne* [2],
au mot *Ameublement*, tout concis qu'il dût être,
ne nous paraît pas traiter le sujet d'une manière com-
plètement satisfaisante. Cet habile architecte semble
n'avoir vu le *cuir doré* seulement que dans ses
dernières productions, et quand l'art expirait pour
ainsi dire. Nous pensons en outre qu'il s'est mépris
en parlant du *cuir doré* comme d'un *cuir bouilli*.

Maintenant, nous allons faire connaître, par une
description détaillée, les tableaux singulièrement
remarquables qui font l'objet principal de cette
notice.

1. Dans les *Descriptions des arts et métiers faites ou approuvées par MM. de l'Académie royale des Sciences, avec figures en taille-douce*, in-f°., 1762, voyez *l'Art de travailler les cuirs dorés et argentés*, par M. Fougeroux de Bondaroy.

2. Publiée par M. Courtin, ancien magistrat.

PREMIER TABLEAU.

Rome, sous la figure d'une femme assise, appuyée de la main droite sur une pique, et de l'autre portant une petite *Victoire* fort bien exécutée.

Elle est vêtue d'une robe agrafée, et sa tête est couverte d'un casque surmonté de plumes de diverses couleurs. Près d'elle sont un carquois, une hache et autres instruments de guerre.

Dans le bas du tableau, on voit la louve allaitant les deux jumeaux, dont l'exécution laisse peu de chose à désirer.

On lit ROMA en caractères romains.

DEUXIÈME TABLEAU.

SCÆVOLA est le sujet du deuxième tableau, ainsi que l'annonce l'inscription placée dans le haut, comme sur tous les tableaux. (Voyez la planche.)

Le héros romain, coiffé d'un casque surmonté d'un dragon, est couvert d'une riche cuirasse à écailles resplendissantes de dorure. Il brandit une épée. Ses bras, ainsi que la moitié de ses cuisses, sont nus ; il est chaussé de cothurnes. Les personnages qui vont suivre en ont également.

Dans le bas du tableau, le trait mémorable de sa vie est représenté en petit et en camaïeu d'or.

TROISIÈME TABLEAU.

Coclès marche au combat, couvert de son bouclier. De son bras droit il tient son épée élevée. Son casque brillant d'or est orné de plumes et d'un hippocampe (cheval marin). Il est vêtu d'une cuirasse et de draperies flottantes.

On le voit en petit, comme Scævola dans le précédent tableau, s'élançant tout armé dans les eaux du Tibre.

QUATRIÈME TABLEAU.

Torqvatvs est représenté dans l'attitude d'un guerrier qui tire son épée du fourreau. Son costume est semblable à celui de Coclès, et son casque est orné d'un panache dont les plumes sont étendues.

Dans la seconde scène, exécutée en camaïeu, on le voit, sur un pont, terrassant le Gaulois provocateur, et le perçant de son épée.

CINQUIÈME TABLEAU.

Calfvrnis marche au combat, l'épée à la main, le corps couvert d'un bouclier ; son casque est orné d'un panache. Il porte une cuirasse unie, et un manteau est jeté sur ses épaules [1].

1. Ce qui paraîtra assez extraordinaire, c'est que nous avons vu une espèce de plat en émail, fabriqué au XVIe. siècle, sur l'une des faces duquel nous avons reconnu un personnage tout-à-fait semblable ; même

SIXIÈME TABLEAU.

Le dévoûment de Curtius est le sujet du sixième
tableau. On voit ce héros monté sur un cheval fou-
gueux, tenant une espèce de bâton de commande-
ment, et à peu près vêtu comme Calfurnis.

Le camaïeu d'or le représente s'élançant à cheval
dans le gouffre. Son inscription est CVRCIO.

SEPTIÈME ET DERNIER TABLEAU.

Le septième et dernier tableau offre MANLIVS à
cheval, l'épée d'une main, le bouclier de l'autre,
et portant un casque à panache fort riche d'ornements. Il est vêtu comme les deux précédents.

Dans le camaïeu, on le voit perçant de sa lance
un autre cavalier dont le cheval est abattu.

Six peaux assemblées et collées ensemble forment
le cuir de chaque sujet, lequel porte six pieds sept
pouces de haut sur trois pieds quatre pouces de large.
La vétusté ne permet pas de distinguer de quel animal

---

attitude, mêmes vêtements, mêmes accessoires : cependant la surprise
cessera, en réfléchissant qu'à cette époque où les esprits s'étaient reportés
avec ardeur vers l'étude de l'antiquité, les grands maîtres, peintres,
sculpteurs, graveurs, etc., faisaient entrer dans leurs compositions des
sujets grecs ou romains, lesquels servaient comme de patrons aux autres
artistes, et même aux simples artisans, qui les reproduisaient dans tous
leurs ouvrages.

elles proviennent : on croit cependant qu'elles sont de veau ou de chèvre.

Le cuir, après avoir subi les préparations nécessaires, a reçu, dans toute son étendue, des feuilles d'argent sur lesquelles d'autres feuilles d'or ont été appliquées.

Le fond de chaque tableau est un guillochis d'or, composé de petits triangles alternativement unis et pointillés, de quatre lignes de côté, appliqué avec un fer chaud à gauffrer, comme l'ont été tous les autres ornements du même genre.

Les contours des figures, leurs vêtements et accessoires, leurs armes et armures sont tracés par des fers de différentes formes, travail extrêmement long et minutieux. Le reste est peint comme dans un tableau ordinaire.

Les lettres des noms indicatifs sont écrites en couleur rouge sur une bande formée d'une certaine quantité de coups de fer.

Un léger vernis couvrait tout le tableau.

Les fers qui ont été employés pour la confection de ces tentures sont les mêmes dans chaque sujet, et se réduisent à un petit nombre que le talent de l'ouvrier a su approprier à tous les ornements. [1]

---

1. Nous en offrons, sous les numéros suivants, les diverses figures au bas de la planche qui accompagne notre texte :

1 Motif général des fonds.

2 Disposition des fers dans les écailles de l'armure du Scævola.

3, 4 et 5. Différents fers formant les contours et les ornements des draperies, des armures, etc.

On remarque sur ces tableaux des lignes bru-
nes, tracées au pinceau, et formant des carrés
réguliers de deux pouces neuf lignes en tout sens.
Quoiqu'il soit assez difficile de se rendre positive-
ment compte de leur utilité, on peut penser néan-
moins que ces lignes fort légères, et qui dispa-
raissent à l'œil à peu de distance, ont été faites pour
rapporter aux carreaux sur les fonds d'or, d'abord
entièrement unis, le dessin des figures qu'on exé-
cutait, sans contredit, d'après des modèles d'une
bien moindre dimension, et qui étaient également
carrelés.

Il est essentiel d'observer que la planche de bois,
gravée en creux et en relief, dont nous avons parlé,
et qui figure parmi les procédés usités pour la confection des cuirs dorés ou argentés dans les derniers
temps, n'a point été employée ici.

Il existe dans les cabinets d'antiquités des frag-
ments d'*or basané* bien conservés; mais ils ne repré-
sentent que des ramages ou fleurons. Malgré les
investigations les plus multipliées, nous n'avons pu
parvenir à savoir s'il existe quelque part en France
des sujets analogues à ceux qui nous occupent.
Nous avons lieu de croire qu'ils y sont uniques dans
leur genre.

L'extrême rareté de cette sorte de travail, l'im-
portance et le caractère propre des tableaux que
nous venons de décrire, témoignent assez de quel
intérêt il serait pour la science, les artistes et les

(23)

connaisseurs, qu'ils fussent déposés dans les collec-
tions d'antiquités formées par le gouvernement, les
princes ou les particuliers riches et amis des arts :
quelle que soit leur destination future, leur place est
déjà marquée à côté des monuments de la plus
haute curiosité.

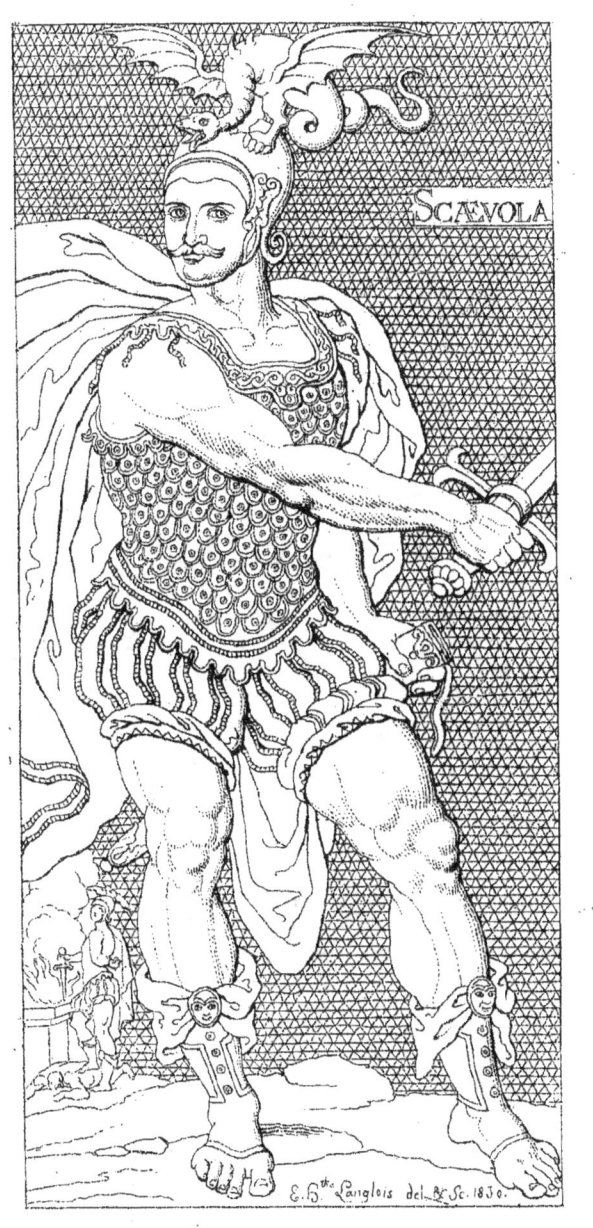

SCÆVOLA

FIGURE TIRÉE D'UNE TENTURE D'OR BASANÉ (CUIR DORÉ)
Maison, rue de la Grosse-Horloge, N.° à Rouen.

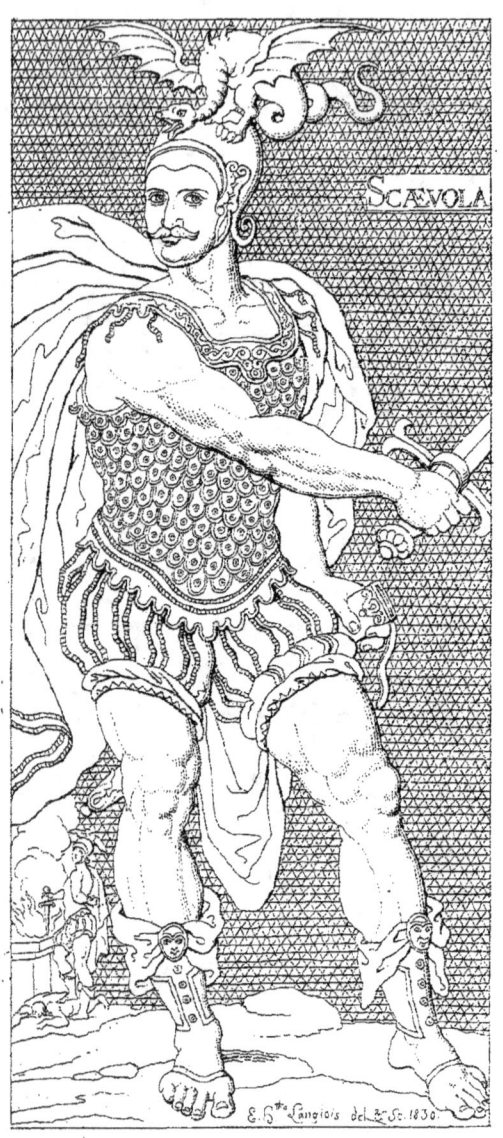

SCÆVOLA

FIGURE TIRÉE D'UNE TENTURE D'OR BASANÉ (CUIR DORÉ),
Maison, rue de la Grosse-Horloge, N°. à Rouen.

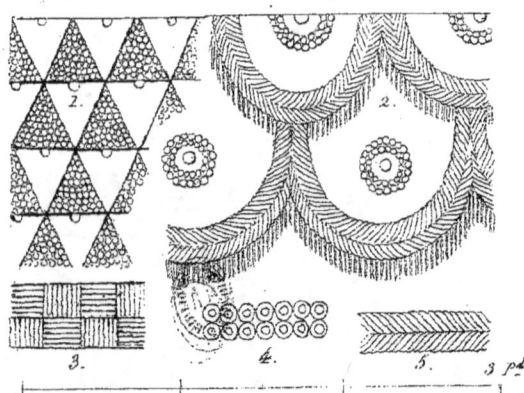

DE FRANCE

FIN

— 1915 —

VP///~

Entier

R 116439

:9

le :7805   Volts : M2   MAG

ate : 17.06.98

www.ingramcontent.com/pod-product-compliance
Lightning Source LLC
Chambersburg PA
CBHW030124230526
45469CB00005B/1785